AF388761

DOCUMENTS HISTORIQUES

SUR LA

GUERRE DE 1866

EXTRAITS DU MONITEUR UNIVERSEL

JOURNAL OFFICIEL DE L'EMPIRE FRANÇAIS

avec une très-belle carte du théâtre de cette guerre

PUBLIÉS PAR HENRI DRON, ÉDITEUR

13, RUE DES LAVANDIÈRES-SAINTE-OPPORTUNE, 13

PARIS

Le succès qui a salué notre carte du théâtre de la guerre en 1866, nous a engagé d'en publier une seconde édition, plus complète même que la première, d'y ajouter une courte brochure comme explication corrélative et de vendre le tout avec une réduction de prix d'environ 80 0/0.

Notre première édition fut surtout répandue parmi le public qui a du loisir. Nous offrons celle-ci au public plus nombreux, dont les occupations de chaque jour ne laissent que peu de temps pour suivre les événements politiques avec une grande exactitude. Néanmoins, ce public comprend la nécessité de ne point rester indifférent « aux transformations qui s'opèrent sur notre continent ». Il veut se rappeler l'enchaînement des faits, en supprimant les détails qui ne sont point indispensables à l'action principale. Pénétré de ce besoin, nous avons entrepris de le satisfaire en publiant les documents les plus importants sur la guerre de 1866.

Ces documents nous ont paru s'expliquer assez clairement pour nous dispenser d'y adjoindre d'autre liaison. Nous les publions donc sans commentaires à la suite les uns des autres.

Notre plan ainsi compris, l'espace dont nous disposons devait être soigneusement ménagé; il fallait que l'exposé en fût aussi bref, que la rapidité des succès et des revers a été inouïe, foudroyante, inattendue. Aussi, dès le début, la lettre de l'Empereur à M. Drouyn de Lhuys explique-t-elle la terrible nécessité, et la pente·fatale, qui entraîne l'Europe centrale vers une collision devenue inévitable. Cette lettre de l'Empereur ouvre notre brochure, qui est fermée par la célèbre circulaire ministérielle du 16 septembre de la même année.

Ces deux documents, seuls, valent de longs volumes, et le lecteur, nous en sommes convaincu, partagera notre manière de voir à ce sujet.

JOURNAL OFFICIEL DE L'EMPIRE FRANÇAIS

Paris, le 12 juin.

L'Empereur a adressé la lettre suivante à M. Drouyn de Lhuys, son ministre des affaires étrangères.

Palais des Tuileries, le 11 juin 1866.

« Monsieur le ministre, au moment où semblent s'évanouir les
« espérances de paix que la réunion de la conférence nous avait fait
« concevoir, il est essentiel d'expliquer par une circulaire aux agents
« diplomatiques à l'étranger, les idées que mon Gouvernement se pro-
« posait d'apporter dans les conseils de l'Europe et la conduite qu'il
« compte tenir en présence des événements qui se préparent.

« Cette communication placera notre politique dans son véritable
« jour.

« Si la conférence avait eu lieu, votre langage, vous le savez, devait
« être explicite; vous deviez déclarer, en mon nom, que je repoussais
« toute idée d'agrandissement territorial tant que l'équilibre européen
« ne serait pas rompu En effet, nous ne pourrions songer à l'extension
« de nos frontières que si la carte de l'Europe venait à être modifiée
« au profit exclusif d'une grande puissance, et si les provinces limi-
« trophes demandaient, par des vœux librement exprimés, leur
« annexion à la France.

« En dehors de ces circonstances, je crois plus digne de notre pays
« de préférer, à des acquisitions de territoire, le précieux avantage de
« vivre en bonne intelligence avec nos voisins, en respectant leur
« indépendance et leur nationalité.

« Animé de ces sentiments et n'ayant en vue que le maintien de

« la paix, j'avais fait appel à l'Angleterre et à la Russie pour adresser
« ensemble aux parties intéressées des paroles de conciliation.

« L'accord établi entre les puissances neutres restera à lui seul un
« gage de sécurité pour l'Europe. Elles avaient montré leur haute
« impartialité en prenant la résolution de restreindre la discussion de
« la conférence aux questions pendantes. Pour les résoudre, je croyais
« qu'il fallait les aborder franchement, les dégager du voile diploma-
« tique qui les couvrait, et prendre en sérieuse considération les vœux
« légitimes des souverains et des peuples.

« Le conflit qui s'est élevé a trois causes :

« La situation géographique de la Prusse mal délimitée;

« Le vœu de l'Allemagne demandant une reconstitution politique
« plus conforme à ses besoins généraux;

« La nécessité pour l'Italie d'assurer son indépendance nationale.

« Les puissances neutres ne pouvaient vouloir s'immiscer dans les
« affaires intérieures des pays étrangers; néanmoins les cours qui
« ont participé aux actes constitutifs de la Confédération germanique
« avaient le droit d'examiner si les changements réclamés n'étaient
« pas de nature à compromettre l'ordre établi en Europe.

« Nous aurions, en ce qui nous concerne, désiré pour les États
« secondaires de la Confédération une union plus intime, une organi-
« sation plus puissante, un rôle plus important; pour la Prusse, plus
« d'homogénéité et de force dans le Nord; pour l'Autriche, le main-
« tien de sa grande position en Allemagne. Nous aurions voulu en
« outre que, moyennant une compensation équitable, l'Autriche pût
« céder la Vénétie à l'Italie; car si, de concert avec la Prusse, et sans
« se préoccuper du traité de 1852, elle a fait au Danemark une guerre
« au nom de la nationalité allemande, il me paraissait juste qu'elle
« reconnût, en Italie, le même principe en complétant l'indépendance
« de la péninsule.

« Telles sont les idées que, dans l'intérêt du repos de l'Europe,
« nous aurions essayé de faire prévaloir. Aujourd'hui il est à craindre
« que le sort des armes seul en décide.

« En face de ces éventualités, quelle est l'attitude qui convient à
« la France? Devons-nous manifester notre déplaisir parce que
« l'Allemagne trouve les traités de 1815 impuissants à satisfaire ses
« tendances nationales et à maintenir sa tranquillité?

« Dans la lutte qui est sur le point d'éclater, nous n'avons que
« deux intérêts : la conservation de l'équilibre européen, et le main-
« tien de l'œuvre que nous avons contribué à édifier en Italie. Mais,
« pour sauvegarder ces deux intérêts, la force morale de la France
« ne suffit-elle pas? Pour que sa parole soit écoutée, sera-t-elle obli-
« gée de tirer l'épée? Je ne le pense pas. Si, malgré nos efforts, les

« espérances de paix ne se réalisent pas, nous sommes néanmoins
« assurés, par les déclarations des cours engagées dans le conflit, que,
« quels que soient les résultats de la guerre, aucune des questions
« qui nous touchent ne sera résolue sans l'assentiment de la France.
« Restons donc dans une neutralité attentive, et, forts de notre désin-
« téressement, animés du désir sincère de voir les peuples de l'Europe
« oublier leurs querelles et s'unir dans un but de civilisation, de liberté
« et de progrès, demeurons confiants dans notre droit et calmes dans
« notre force.

« Sur ce, monsieur le ministre, je prie Dieu qu'il vous ait en sa
« sainte garde.

« NAPOLÉON. »

Une grande bataille a été livrée hier, 3 juillet, par les armées autri-
chiennes et prussiennes, dans les environs de Kœnigsgraetz. Le
centre des Prussiens était à Sadowa et celui des Autrichiens à Lippa.
Toutes les troupes étaient engagées des deux côtés. Après cinq heures
de combat, les Autrichiens, se voyant tournés par Chlumec, ont com-
mencé leur retraite, qui bientôt après s'est changée en déroute. Ils
ont dû traverser l'Elbe, et n'ont pas même pu défendre la position de
Pardubitz. Les pertes sont très-considérables. Quarante-deux canons
sont restés au pouvoir des Prussiens. L'archiduc Guillaume a été
légèrement blessé.

Les Autrichiens ont canonné, le 3 juillet, Desenzano, mais sans
causer aucun préjudice.

Le même jour, Garibaldi a attaqué la position de Monte Suello. Il
paraît avoir été repoussé, car ses volontaires ont dû se replier sur
Anfo, et lui-même aurait été légèrement blessé.

Les Autrichiens, en outre, ont construit sur le Mincio, à Goïto et à
Monzembano, des ponts de bateaux protégés par des ouvrages de
terre. Ils se sont avancés jusqu'à Monte Chiaro. Leur quartier général
est à Volta.

Les autorités russes ont désarmé des détachements prussiens qui
avaient passé la frontière à la suite du combat d'Oswiecim.

Paris, le 4 juillet

Un fait important vient de se produire.

Après avoir sauvegardé l'honneur de ses armes en Italie, l'empereur
d'Autriche, accédant aux idées émises par l'Empereur Napoléon, dans
sa lettre adressée le 11 juin à son ministre des affaires étrangères,

cède la Vénétie à l'Empereur des Français et accepte sa médiation pour amener la paix entre les belligérants.

l'Empereur Napoléon s'est empressé de répondre à cet appel et s'est immédiatement adressé aux rois de Prusse et d'Italie pour amener un armistice.

Paris, le 31 août.

On lit dans *le Moniteur universel* :

L'Empereur, en acceptant la cession de la Vénétie, a été guidé par le désir de contribuer à écarter une des causes principales de la dernière guerre et à hâter la suspension des hostilités. Aussitôt que la signature d'un armistice en Italie a été décidée, le Gouvernement de Sa Majesté a employé ses efforts pour préparer les voies à la conclusion de la paix entre le cabinet de Vienne et celui de Florence. Il était nécessaire de régulariser préalablement la cession faite à Sa Majesté par l'empereur François-Joseph. Un traité a été signé à cet effet le 24 de ce mois entre la France et l'Autriche, et les ratifications en ont été échangées aujourd'hui à Vienne. En vertu de cet acte, la remise des forteresses et des territoires du royaume Lombard-Vénitien sera effectuée par un commissaire autrichien entre les mains du commissaire français qui se trouve dès à présent en Vénétie. Le délégué de la France s'entendra ensuite avec les autorités vénitiennes pour leur transmettre les droits de possession qu'il aura reçus, et les populations seront appelées à prononcer elles-mêmes sur le sort de leur pays. Sous cette réserve, Sa Majesté n'a point hésité à déclarer, dès le 29 juillet, qu'elle consentait à la réunion au royaume d'Italie des provinces cédées par l'Autriche.

L'Empereur a fait connaître ses intentions à S. M. le roi Victor Emmanuel par la lettre suivante :

« MONSIEUR MON FRÈRE,

« J'ai appris avec plaisir que Votre Majesté avait adhéré à l'armis« tice et aux préliminaires de paix signé entre le roi de Prusse et l'em« pereur d'Autriche. Il est donc probable qu'une nouvelle ère de tran« quillité va s'ouvrir pour l'Europe. Votre Majesté sait que j'ai accepté « l'offre de la Vénétie pour la préserver de toute dévastation et pré« venir une effusion de sang inutile. Mon but a toujours été de la ren« dre à elle-même afin que l'Italie fût libre des Alpes à l'Adriatique. « Maîtresse de ses destinées, la Vénétie pourra bientôt, par le suffrage « universel, exprimer sa volonté.

« Votre Majesté reconnaîtra que dans ces circonstances l'action de « la France s'est encore exercée en faveur de l'humanité et de l'indé« pendance des peuples.

« Je vous renouvelle l'assurance des sentiments de haute estime et
« sincère amitié avec lesquels je suis,

      « De Votre Majesté,

        « le bon frère,

          NAPOLÉON.

« Saint Cloud, le 11 août 1866. »

        Florence 31 octobre 1866.

« Le résultat définitif du plébiscite a été publié à
« Venise le 27 courant, en séance de la cour d'appel. On
« peut dire que l'annexion a été votée à l'unanimité, puis
« qu'il n'y a eu que 69 non sur 647,246 votants.

PRUSSE.

        Berlin, 2 septembre.

Voici, d'après la gazette de Vienne, le texte du traité
de paix entre l'Autriche et la Prusse :

Au nom de la très-sainte et indivisible Trinité.

S. M. l'empereur d'Autriche et S. M. le roi de Prusse, animés du
désir de rendre à leurs pays les bienfaits de la paix, ont résolu de
changer en un traité de paix définitif les préliminaires signés à
Nikolsbourg.

A ces fins, Leurs Majestés ont nommé pour leurs plénipotentiaires,
à savoir :

S. M. l'empereur d'Autriche, le baron Adolphe de Brenner-Felsach,
etc., etc., et

S. M. le roi de Prusse, le baron Charles de Werther, etc., etc.

Lesquels se sont réunis en conférence à Prague, et, après avoir
échangé leurs pleins pouvoirs en bonne et due forme, sont tombés
d'accord sur les articles suivants :

Art. 1er. Il y aura paix et amitié entre S. M. l'empereur d'Autriche
et S. M. le roi de Prusse, ainsi qu'entre leurs héritiers et successeurs,
leurs États et sujets respectifs, à perpétuité.

Art. 2. Dans le but de mettre à exécution l'article 6 des préliminaires de paix, conclus le 26 juillet à Nikolsbourg, et après que
S. M. l'Empereur des Français a fait déclarer officiellement, le
29 juillet, par son ambassadeur accrédité auprès de S. M. le roi de
Prusse, « qu'en ce qui concerne le gouvernement de l'Empereur, la
Vénétie est acquise à l'Italie, pour lui être remise à la paix, » S. M.
l'empereur d'Autriche adhère aussi, de son côté, à cette déclaration
et donne son consentement à la réunion du royaume lombardo-

vénitien avec le royaume d'Italie, sans autre condition onéreuse que
la liquidation des dettes qui, grevant les parties des pays cédées,
seront reconnues conformément au procédé suivi dans le traité de
Zurich.

Art. 3. Les prisonniers de guerre seront mis immédiatement en
liberté, de part et d'autre.

Art. 4. S. M. l'empereur d'Autriche reconnaît la dissolution de la
Confédération germanique telle qu'elle a existé jusqu'à ce jour, et
donne son consentement à une nouvelle organisation de l'Allemagne
sans la participation de l'empire d'Autriche. Sa Majesté promet
également de reconnaître la confédération restreinte que S. M. le roi
de Prusse fondera au nord de la ligne du Mein, et déclare consentir
à ce que les États situés au sud de cette ligne forment une associa-
tion, dont l'union nationale avec la Confédération du nord demeure
réservée à un arrangement ultérieur, et qui aura une existence nationale indépendante.

Art. 5. S. M. l'empereur d'Autriche transfère à S. M. le roi de
Prusse tous ses droits acquis dans la paix de Vienne du 30 octobre
1864 sur les duchés de Holstein et de Slesvig, avec la réserve que les
populations des districts septentrionnaux de Slesvig, si elles expriment,
par un suffrage libre, le désir d'appartenir au Danemark, devront être
cédées à cet État.

Art. 6 Sur le désir de S. M. l'empereur d'Autriche, S. M. le roi de
Prusse déclare consentir à laisser intact le territoire actuel du royaume
de Saxe dans les changements territoriaux qui doivent se faire en
Allemagne; mais il se réserve, par contre, de régler, dans un traité de
paix spécial, passé avec S. M. le roi de Saxe, la contribution de la
Saxe aux frais de guerre et la position future du royaume de Saxe dans
la Confédération allemande du nord.

De son côté, S. M. l'empereur d'Autriche promet de reconnaître les
nouvelles institutions qui seront établies par S. M. le roi de Prusse dans
l'Allemagne du nord, y compris les changements territoriaux.

Art. 7. Au sujet de l'arrangement à prendre relativement à la propriété fédérale actuelle, une commission se réunira à Francfort-sur-le-
Mein, dans le délai de six semaines, au plus tard, après la ratification
du présent traité, commission à laquelle l'on devra notifier toutes les
prétentions et tous les droits qu'on a à faire valoir à la confédération
germanique, lesquels seront liquidés dans le délai de six semaines,
L'Autriche et la Prusse se feront représenter dans cette commission,
et tous les gouvernements qui ont fait partie jusqu'à présent de la
confédération seront libres d'en faire autant.

Art. 8. L'Autriche est autorisée à enlever, des forteresses fédérales,
la propriété impériale ainsi que la part matriculaire de la propriété

mobilière fédérales qui revient à l'Autriche, ou à en disposer comme bon lui semblera; il en est de même de tous les biens mobiliers de la Confédération.

Art. **9.** Les pensions dues ou déjà accordées aux employés, serviteurs et retraités classés de la Confédération leur sont garanties au prorata de la matricule.

Cependant le gouvernement prussien prend à sa charge les pensions et secours qui ont été payés jusqu'ici par la caisse fédérale matriculaire aux officiers de l'ancienne armée du Slesvig-Holstein et à leurs survivants.

Art. 10. Les pensions accordées par la lieutenance autrichienne au Slesvig demeurent acquises aux intéressés.

La somme de 449,500 écus danois consistant en obligation 4 0/0 d'État danoises, qui se trouve encore déposée dans les caisses du gouvernement autrichien, et qui appartient au trésor de Holstein, sera rendue à celui-ci de suite après la ratification du présent traité.

Aucun habitant des duchés de Holstein et de Slesvig et aucun sujet de LL. MM. l'empereur d'Autriche et le roi de Prusse ne sera poursuivi, inquiété ou repris dans sa personne ou dans ses biens pour sa conduite politique pendant les derniers événements et pendant la guerre.

Art. 11. S. M. l'empereur d'Autriche s'engage à payer à S. M. le roi de Prusse la somme de 40 millions de thalers de Prusse à titre d'indemnité pour une partie des dépenses occasionnées à la Prusse par la guerre. Il y aura toutefois à déduire de cette somme le montant des frais de guerre que S. M. l'empereur d'Autriche a encore à réclamer aux duchés de Slesvig et de Holstein, d'après l'article 12 du traité de paix de Vienne, déjà cité, du 30 octobre 1864; montant qui s'élève à 15 millions de thalers de Prusse et 5 millions comme équivalent de l'entretien gratuit dont l'armée prussienne jouira jusqu'à la conclusion de la paix dans les pays autrichiens occupés par elle, de sorte qu'il ne reste que 20 millions à payer comptant.

La moitié de cette somme sera payée comptant à l'échange des ratifications du présent traité et l'autre moitié trois semaines après, à Oppeln.

Art. 12. L'évacuation des territoires autrichiens occupés par les troupes prussiennes devra êtres achevée dans le terme de trois semaines après l'échange des ratifications du traité de paix. A partir du jour de l'échange des ratifications, les gouvernements généraux prussiens circonscriront leurs fonctions dans la sphère d'action purement militaire.

Les dispositions particulières d'après lesquelles l'évacuation doit avoir lieu, sont stipulées dans un protocole spécial qui forme un annexe du présent traité.

Art. 13. Tous les traités et toutes les conventions qui ont été conclus avant la guerre entre les deux parties contractantes, en tant que d'après leur nature ils ne doivent pas perdre leur effet après la dissolution de la Confédération germanique, sont remis en vigueur par les présentes.

Entre autres, la convention générale de cartel, conclue le 10 février 1831 entre les États allemands de la Confédération, y compris ses dispositions additionnelles, restera en vigueur entre l'Autriche et la Prusse. Le gouvernement autrichien déclare, cependant, que la convention monétaire conclue le 24 janvier 1857 perd sa principale valeur par la dissolution de la Confédération germanique, et le gouvernement royal prussien déclare consentir à entrer en négociation avec l'Autriche et les autres États intéressés pour l'abolition de cette convention.

Les hautes parties contractantes se réservent également d'entrer en négociation le plus tôt possible pour la révision du traité commercial et douanier du 11 avril 1865, à l'effet d'introduire de plus grandes facilités dans les transactions réciproques. En attendant, ledit traité devra rentrer en vigueur à la condition que chacune des deux hautes parties contractantes ait la faculté de le mettre hors de vigueur après une dénonciation de six mois.

Art. 14. Le présent traité sera ratifié, et les ratifications en seront échangées à Prague, dans l'espace de huit jours, ou plus tôt si faire se peut.

En foi de quoi les plénipotentiaires respectifs l'ont signé et y ont apposé le sceau de leurs armes.

Fait à Prague, le vingt-troisième jour du mois d'août de l'an mil huit cent soixante-six.

Brenner.

Werther.

A la suite de ce traité les États suivants ont été réunis définitivement à la Prusse.

	Population.
Les duchés de Slesvig, Holstein, (le Lauenbourg y était réuni avant la guerre).....................................	1,004,473 h.
Le royaume de Hanovre....................................	1,880,070
La Hesse Électorale......................................	738,454
Le duché de Nassau......................................	456,567
La Ville libre de Francfort..............................	83,380
Diverses enclaves de la Bavière et de Hesse Darmstadt environ...	60,000
Total des annexions...	4,222,944 h.

Le ministre de l'intérieur, chargé par intérim du portefeuille des affaires étrangères, a adressé la circulaire suivante aux agents diplomatiques de l'Empereur.

Paris, le 16 septembre.

Monsieur ,

Le Gouvernement de l'Empereur ne saurait ajourner plus longtemps l'expression de son sentiment sur les événements qui s'accomplissent en Allemagne. M. de Moustier devant rester absent quelque temps encore, Sa Majesté m'a donné l'ordre d'exposer à ses agents diplomatiques les mobiles qui dirigent sa politique.

La guerre qui a éclaté au centre et au sud de l'Europe a détruit la Confédération germanique et constitué difinitivement la nationalité italienne. La Prusse, dont les limites ont été agrandies par la victoire, domine sur la rive droite du Mein. L'Autriche a perdu la Vénétie ; elle est séparée de l'Allemagne.

En face de ces changements considérables, tous les États se recueillent dans le sentiment de leur responsabilité ; ils se demandent quelle est la portée de la paix récemment intervenue, qu'elle sera son influence sur l'ordre européen et sur la situation internationale de chaque puissance.

L'opinion publique, en France, est émue. Elle flotte, incertaine, entre la joie de voir les traités de 1815 détruits et la crainte que la puissance de la Prusse ne prenne des proportions excessives, entre le désir du maintien de la paix et l'espérance d'obtenir, par la guerre, un agrandissement territorial. Elle applaudit à l'affranchissement complet de l'Italie, mais veut être rassurée contre les dangers qui pourraient menacer le Saint-Père.

Les perplexités, qui agitent les esprits et qui ont leur retentissement à l'étranger, imposent au Gouvernement l'obligation de dire nettement sa manière de voir.

La France ne saurait avoir une politique équivoque. Si elle est atteinte dans ses intérêts et dans sa force par les changements importants qui se font en Allemagne, elle doit l'avouer franchement et prendre les mesures nécessaires pour garantir sa sécurité. Si elle ne perd rien aux transformations qui s'opèrent, elle doit le déclarer avec sincérité et résister aux appréhensions exagérées, aux appréciations ardentes qui, en excitant les jalousies internationales, voudraient l'entraîner hors de la route qu'elle doit suivre.

Pour dissiper les incertitudes et fixer les convictions, il faut envisager dans leur ensemble le passé tel qu'il était, l'avenir tel qu'il se présente.

Dans le passé, que voyons-nous ? Après 1815, la Sainte-Alliance réunissait contre la France tous les peuples, depuis l'Oural jusqu'au Rhin. La Confédération germanique comprenait, avec la Prusse et l'Autriche, 80 millions d'habitants ; elle s'étendait depuis le Luxembourg jusqu'à Trieste, depuis la Baltique jusqu'à Trente, et nous entourait d'une ceinture de fer, soutenue par cinq places fortes fédérales ; notre position stratégique était enchaînée par les plus habiles combinaisons territoriales. La moindre difficulté que nous pouvions avoir avec la Hollande ou avec la Prusse sur la Moselle, avec l'Allemagne sur le Rhin, avec l'Autriche dans le Tyrol ou le Frioul, faisait se dresser contre nous toutes les forces réunies de la Confédération. l'Allemagne autrichienne, inexpugnable sur l'Adige, pouvait s'avancer, le moment venu, jusqu'aux Alpes. L'Allemagne prussienne avait pour avant-garde sur le Rhin tous ces États secondaires, sans cesse agités par des désirs de transformation politique et disposés à considérer la France comme l'ennemie de leur existence et de leurs aspirations.

Si on en excepte l'Espagne, nous n'avions aucune possibilité de contracter une alliance sur le continent. L'Italie était morcelée et impuissante ; elle ne comptait pas comme nation. La Prusse n'était ni assez compacte, ni assez indépendante pour se détacher de ses traditions. l'Autriche était trop préoccupée de conserver ses possessions en Italie pour pouvoir s'entendre intimement avec nous.

Sans doute, la paix longtemps maintenue a pu faire oublier les dangers de ces organisations territoriales et de ces alliances, car ils n'apparaissent formidables que lorsque la guerre vient à éclater. Mais cette sécurité précaire, la France l'a parfois obtenue au prix de l'effacement de son rôle dans le monde. Il n'est pas contestable que, pendant près de quarante années, elle a rencontré debout et contre elle la coalition des trois cours du Nord unies par le souvenir de défaites et de victoires communes, par des principes anologues de gouvernement, par des traités solennels et des sentiments de défiance envers notre action libérale et civilisatrice.

Si, maintenant, nous examinons l'avenir de l'Europe transformée, quelles garanties présente-t-il à la France et à la paix du monde ? La coalition des trois cours du Nord est brisée. Le principe nouveau qui régit l'Europe est la liberté des alliances. Toutes les grandes puissances sont rendues les unes et les autres à la plénitude de leur indépendance, au développement régulier de leurs destinées.

La Prusse agrandie, libre désormais de toute solidarité, assure l'indépendance de l'Allemagne. La France n'en doit prendre aucun ombrage. Fière de son admirable unité, de sa nationalité indestructible, elle ne saurait combattre ou regretter l'œuvre d'assimilation qui vient de s'accomplir et subordonner à des sentiments jaloux, les principes de nationalité qu'elle représente et professe à l'égard des peuples. Le sentiment national de l'Allemagne satisfait, ses inquiétudes se dissipent, ses inimitiés s'éteignent. En imitant la France, elle fait un pas qui la rapproche et non qui l'éloigne de nous.

Au midi, l'Italie dont la longue servitude n'avait pu éteindre le patriotisme, est mise en possession de tous ses éléments de grandeur nationale. Son existence modifie profondément les conditions politiques de l'Europe ; mais, malgré des susceptibilités irréfléchies ou des injustices passagères, ses idées, ses principes, ses intérêts la rapprochent de la nation qui a versé son sang pour l'aider à conquérir son indépendance.

Les intérêts du trône pontifical sont assurés par la convention du 15 septembre. Cette convention sera loyalement exécutée. En retirant ses troupes de Rome, l'Empereur y laisse, comme garantie de sécurité pour le Saint-Père, la protection de la France.

Dans la Baltique comme dans la Méditerranée surgissent des marines secondaires qui sont favorables à la liberté des mers.

L'Autriche, dégagée de ses préoccupations italiennes et germaniques, n'usant plus ses forces dans des rivalités stériles, mais les concentrant à l'est de l'Europe, représente encore une puissance de trente-cinq millions d'âmes qu'aucune hostilité, aucun intérêt ne sépare de la France.

Par quelle singulière réaction du passé sur l'avenir, l'opinion publique verrait-elle, non des alliés, mais des ennemis de la France dans ces nations affranchies d'un passé qui nous fut hostile, appélées à une vie nouvelle, dirigées par des principes qui sont les nôtres, animées de ces sentiments de progrès qui forment le lien pacifique des sociétés modernes ?

Une Europe plus fortement constituée, rendue plus homogène par des divisions territoriales plus précises, est une garantie pour la paix du continent et n'est ni un péril ni un dommage pour notre nation. Celle-ci, avec l'Algérie, comptera bientôt plus de 40 millions d'habitants ; l'Allemagne 37 millions, dont 29 dans la Confédération du Nord, et 8 dans la Confédération du Sud ; l'Autriche, 35 ; l'Italie, 26 ; l'Espagne, 18. Qu'y a-t-il dans cette distribution des forces européennes qui puisse nous inquiéter ?

Une puissance irrésistible, faut-il le regretter, pousse les peuples à se réunir en grandes agglomérations en faisant disparaître les États secondaires. Cette tendance naît du désir d'assurer aux intérêts généraux des garanties plus efficaces. Peut-être est-elle inspirée par une sorte de prévision providentielle des destinées du monde. Tandis que les anciennes populations du continent, dans leurs territoires restreints, ne s'accroissent qu'avec une certaine lenteur, la Russie et la république des États-Unis d'Amérique peuvent, avant un siècle, compter chacune cent millions d'hommes. Quoique les progrès de ces deux grands empires ne soient pas pour nous un sujet d'inquiétude, et qu'au contraire nous applaudissions à leurs généreux efforts en faveur de races opprimées, il est de l'intérêt prévoyant des nations du centre européen de ne point rester morcelées en tant d'États divers sans force et sans esprit public.

La politique doit s'élever au-dessus des préjugés étroits et mesquins d'un autre âge. l'Empereur ne croit pas que la grandeur d'un pays dépende de l'affaiblissement des peuples qui l'entourent et ne voit de véritable équilibre que dans les vœux satisfaits des nations de l'Europe. En cela, il obéit à des convictions anciennes et aux traditions de sa race. Napoléon Ier avait prévu les changements qui s'opèrent aujourd'hui sur le continent européen. Il avait déposé les germes de nationalités nouvelles, dans la péninsule en créant le royaume d'Italie, en Allemagne en faisant disparaître deux cent cinquante-trois États indépendants.

Si ces considérations sont justes et vraies, l'Empereur a eu raison d'accepter ce rôle de médiateur qui n'a pas été sans gloire, d'arrêter, d'inutiles et douloureuses effusions de sang, de modérer le vainqueur par son intervention amicale, d'atténuer les conséquences des revers, de poursuivre, à travers tant d'obstacles, le rétablissement de la paix. Il aurait, au contraire, méconnu sa haute responsabilité si, violant la neutralité promise et proclamée, il s'était jeté à l'improviste dans les hasards d'une grande guerre, d'une de ces guerres qui réveillent les haines de races et dans lesquelles s'entrechoquent des nations entières. Quel eût été, en effet, le but de cette lutte engagée spontanément contre la Prusse, nécessairement contre l'Italie? Une conquête, un agrandissement territorial... ! Mais le gouvernement impérial a, depuis longtemps, appliqué ses principes en matière d'extension de territoire. Il comprend, il a compris les anexions commandées par une nécessité absolue, réunissant à la patrie des populations ayant les mêmes mœurs, le même esprit national que nous, et il a demandé au libre consentement de la Savoie et du comté de Nice le rétablissement de nos frontières naturelles. La France ne peut désirer que les agrandissements territoriaux qui n'altéreraient pas sa puissante cohésion; mais elle doit toujours travailler à son agrandissement moral ou politique, en faisant servir son influence aux grands intérêts de la civilisation.

Son rôle est de cimenter l'accord entre toutes les puissances qui veulent à la fois maintenir le principe d'autorité et favoriser le progrès. Cette alliance enlèvera à la révolution le prestige du patronage dont elle prétend couvrir la cause de la liberté des peuples, et conservera aux grands États éclairés la sage direction du mouvement démocratique qui se manifeste partout en Europe.

Toutefois, il y a dans les émotions qui se sont emparées du pays un sentiment légitime qu'il faut reconnaître et préciser. Les résultats de la dernière guerre contiennent un enseignement grave et qui n'a rien coûté à l'honneur de nos armes; ils nous indiquent la nécessité, pour la défense de notre territoire, de perfectionner sans délai notre organisation militaire. La nation ne manquera pas à ce devoir qui ne saurait être une menace pour personne; elle a le juste orgueil de la valeur de ses armées; ses susceptibilités éveillées par le souvenir de ses fastes militaires, par le nom et les actes du Souverain qui la gouverne, ne sont que l'expression de sa volonté énergique de maintenir hors de toute atteinte, son rang et son influence dans le monde.

En résumé, du point de vue élevé où le gouvernement impérial considère les destinées de l'Europe, l'horizon lui paraît dégagé d'éventualités menaçantes; des problèmes redoutables, qui devaient être résolus parce qu'on ne les suprime pas, pesaient sur les destinées des peuples; ils auraient pu s'imposer dans des temps plus difficiles; ils ont reçu leur solution naturelle sans de trop violentes secousses et sans le concours dangereux des passions révolutionnaires.

Une paix qui reposera sur de pareilles bases sera une paix durable.

Quant à la France, de quelque côté qu'elle porte ses regards, elle n'aperçoit rien qui puisse entraver sa marche ou troubler sa prospérité. Conservant avec toutes les puissances d'amicales relations, dirigée par une politique qui a pour signes de sa force la générosité et la modération, appuyée sur son imposante unité, avec son génie qui rayonne partout, avec ses trésors et son crédit qui fécondent l'Europe, avec ses forces militaires développées, entourée désormais de nations indépendantes, elle apparaît non moins grande, elle demeurera non moins respectée.

Tel est le langage que vous devrez tenir dans vos rapports avec le gouvernement auprès duquel vous êtes accrédité.

Agréez, etc.

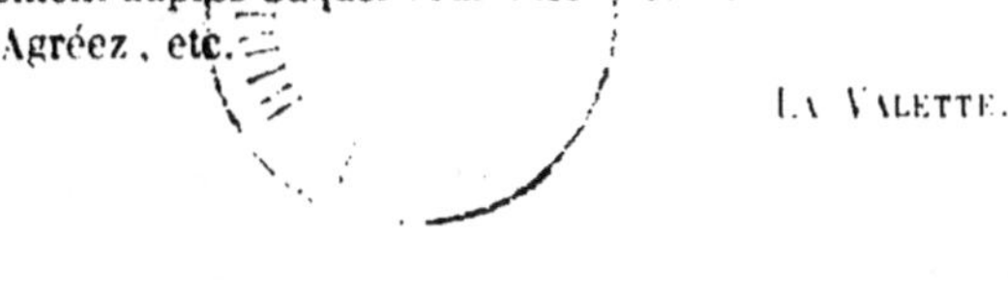

LA VALETTE.

CLICHY Imprimerie Maurice Loignon et Cie, rue du Bac d'Asnières 14

TABLE DES MATIÈRES

DIMENSION DE LA CARTE

LARGEUR 75 cent.   HAUTEUR 55 cent.   PRIX 65 centimes

Elle renferme les États suivants :

L'Allemagne nouvelle.
L'Autriche après la paix.
L'Italie jusqu'à Rome.
Les provinces Danubiennes et partie de la Turquie.

Le Danemark et le sud de la Suède.
La Suisse, la Belgique, la Hollande.
L'Est de la France.
L'Ouest de la Russie.

NOTA. L'emplacement de la bataille de Sadowa est marqué en rouge sur la carte, ainsi que ceux de Custozza et de Lissa.

Les petits États allemands, au nord du Mein, enclaves dans la Prusse à laquelle ils sont liés, ont aussi une couleur distincte.

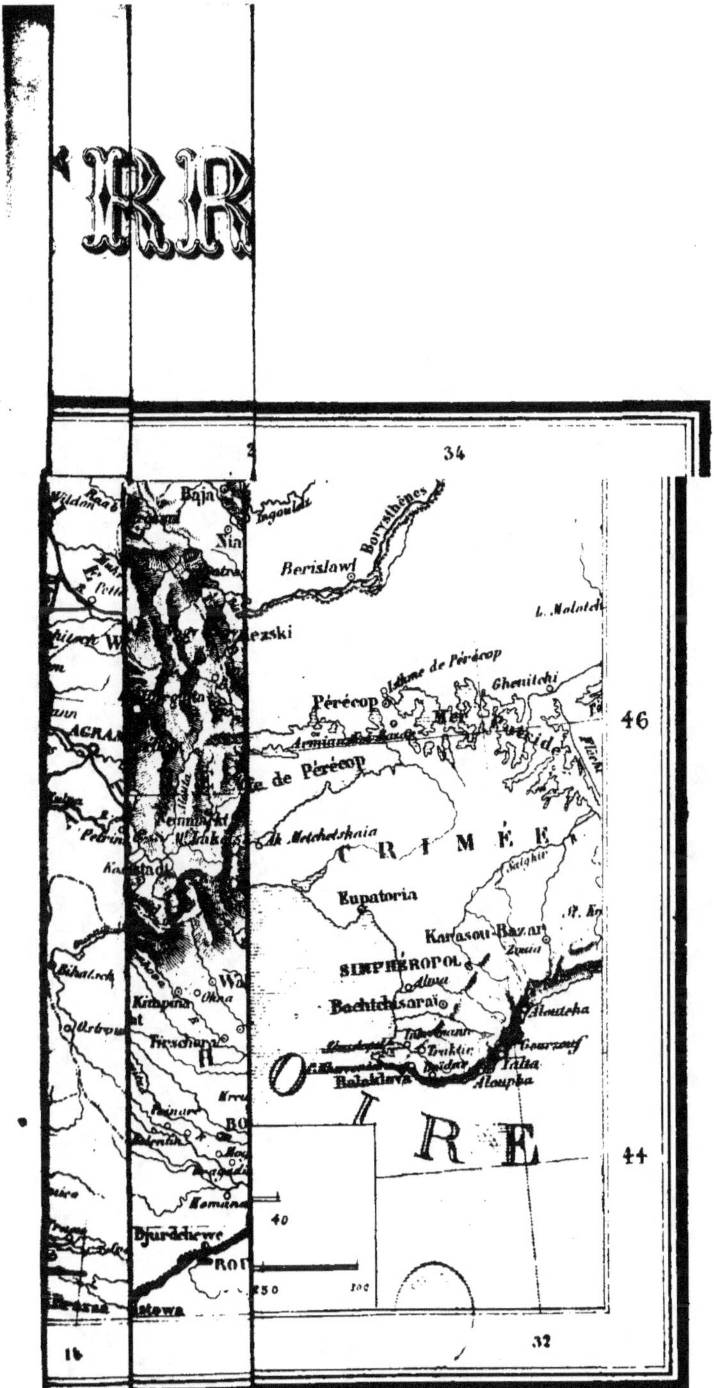

RR

34

Wildon
Raab
Baja
Ingoulet
Nia
Borysthènes
Berislawl
E. Petta
L. Molotch
Uiezski
Isthme de Pérécop
Ghenitchi
Pérécop
Mer
AGRAM
Armiansk Bazar
Putride
Bie de Pérécop
Salghir
Ak Metchetskaia
CRIMÉE
Penninski
Kamindi
M. Tchkas
Eupatoria
P. Ar.
Bibatoch
Karasou-Bazar
Kimpana
Okna
SIMPHÉROPOL
Alma
Urbou
Tirschava
Bachtchisaraï
Aloutcha
Gourzouf
BO
Balaklava
Baidar
Yalta
Aloupka
O
RE
40
Romana
Djurdchewo
RO
150
100
Belgrad
Istowa
32

Imp. Moucelot, Paris.

CARTE DU THÉÂTRE DE LA GUERRE EN 1866
2ᵐᵉ ÉDITION

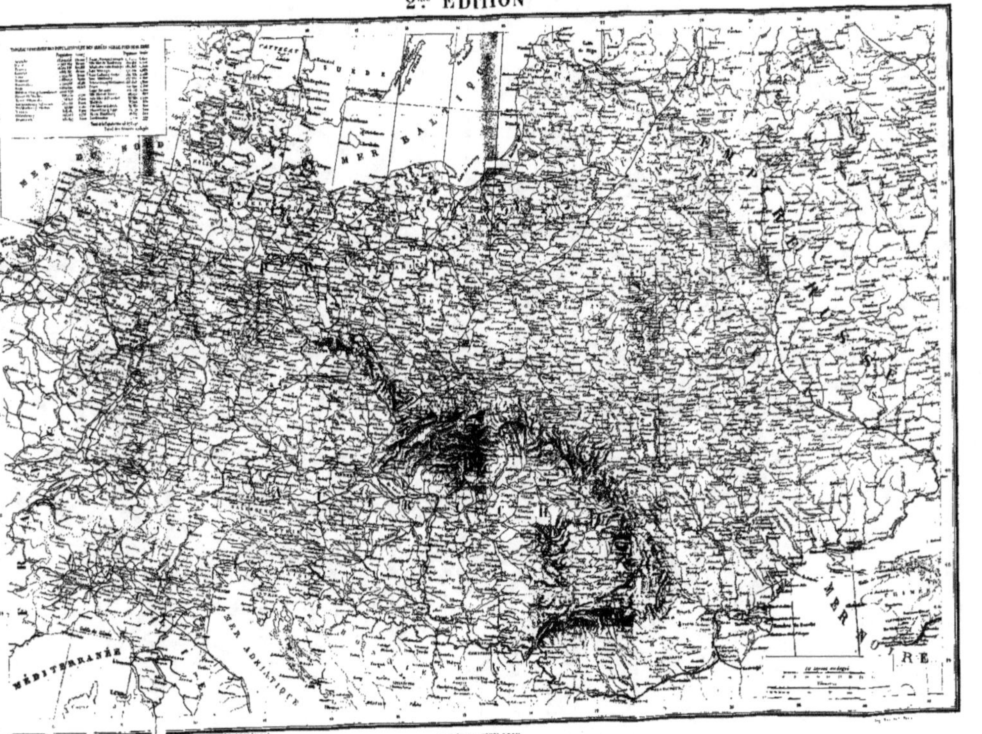

PUBLIÉE PAR HENRI DROH
14 Rue des Lavandières Sainte Opportune
PARIS 1866